Analizando la Enseñanza del Trabajo en el Libro Profético de Isaías

La Enseñanza del Trabajo en la Biblia, Volume 15

Sermones Bíblicos

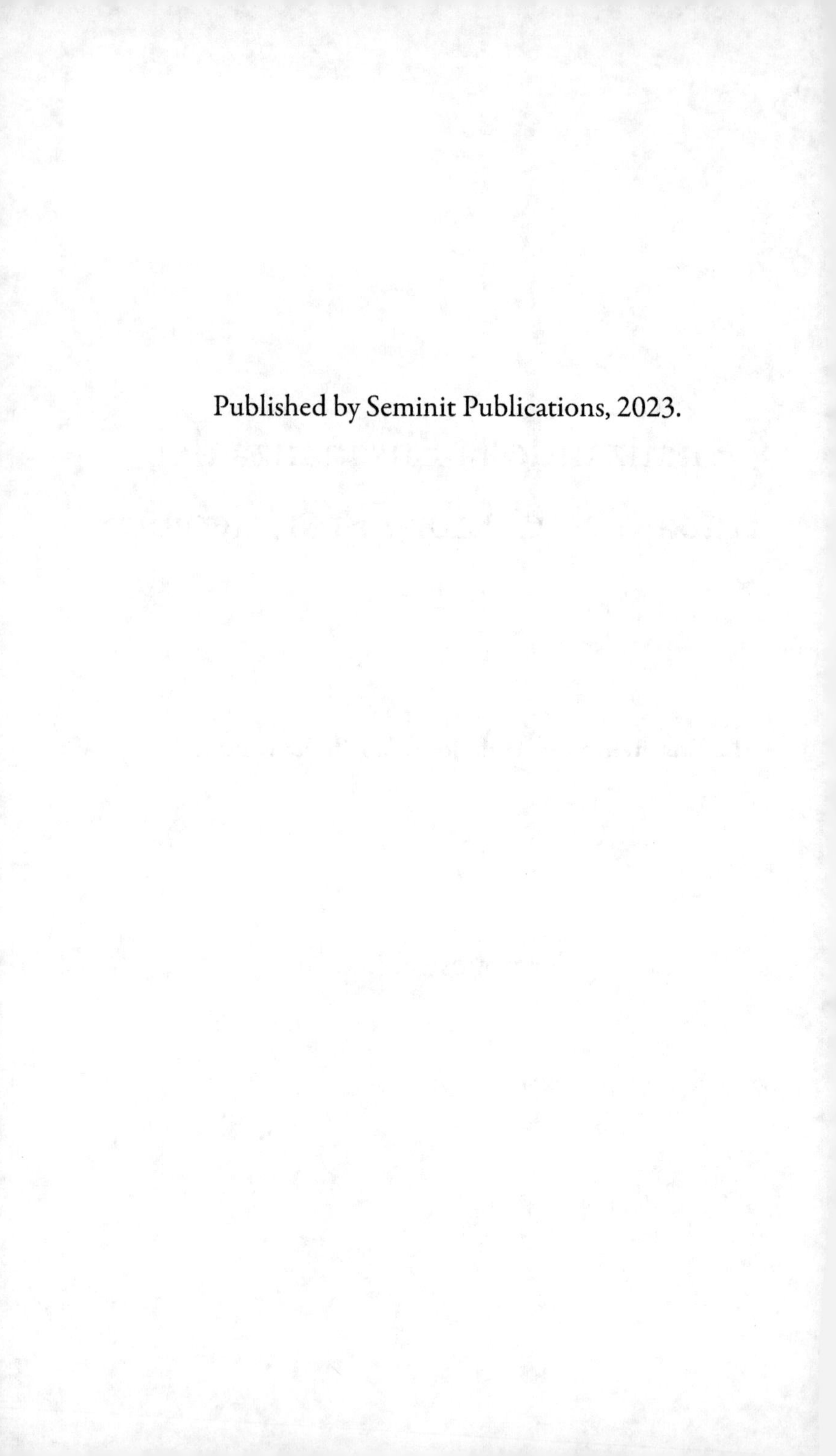

Published by Seminit Publications, 2023.

While every precaution has been taken in the preparation of this book, the publisher assumes no responsibility for errors or omissions, or for damages resulting from the use of the information contained herein.

ANALIZANDO LA ENSEÑANZA DEL TRABAJO EN EL LIBRO PROFÉTICO DE ISAÍAS

First edition. July 8, 2023.

Copyright © 2023 Sermones Bíblicos.

Written by Sermones Bíblicos.

Also by Sermones Bíblicos

Estudiando El Tabernáculo de la Biblia
El Tabernáculo: Descripción de sus Componentes
Principios Bíblicos para una Iglesia: Ilustrados por El Tabernáculo
El Tabernáculo: En el Desierto y las Ofrendas
El Tabernáculo: Las Ofrendas Levíticas, el Sacrificio de Expiación
El Tabernáculo: Un santuario Terrenal
Analizando la Enseñanza del Trabajo en el Libro Profético de Jeremías y Lamentaciones

Estudio Bíblico Cristiano Sobrevolando la Biblia con Enseñanzas de la Sana Doctrina
Estudio Bíblico: Génesis 1. La Creación en Seis Días
Estudio Bíblico: Génesis 2. Estatutos de la Creación
Estudio Bíblico: Génesis 3. La Caída del Hombre
El Tabernáculo: En el Nuevo Testamento
Estudio Bíblico: Génesis 4. Aconteció Andando el Tiempo; Presente, Tributo, Oblación

La Enseñanza en la Clase Bíblica
Estudiando la Enseñanza en la Clase Bíblica: Guía para
Maestros

Los Cuatro Evangelios de la Biblia
Analizando Notas en el Libro de Mateo: Cumplimientos de las
Profecías del Antiguo Testamento

Los Cuatro Evangelios de la Biblia
Analizando Notas en el Libro de Marcos: Encontrando Paz en
Tiempos Difíciles
Analizando Notas en el Libro de Lucas: El Amor Divino de
Jesús Revelado
Analizando Notas en el Libro de Juan: La Contribución de Juan
a las Escrituras del Nuevo Testamento

Notas en el Nuevo Testamento
Analizando Notas en el Libro de los Hechos: Un Viaje de
Continuación en la Obra de Jesús

Personajes de la Biblia

Analizando Escenas Bíblicas: 62 Inspiradoras Enseñanzas
Cristianas del Antiguo Testamento

Profecías Bíblicas
Perfíl Profético: La Última Semana
Claras Palabras Proféticas: La Profecía Hecha Historia
Perspectiva de la Profecía: El Próximo Gran Acontecimiento
Desarrollo Profético de Dios: Las Señales de los Tiempos
Profecía Cronológica: Las Cosas que Sucederán en la Tierra
Seis Días Proféticos en la Biblia

Sermones de C. H. Spurgeon
La Procesión del Dolor

Sobrevolando la Biblia
Símbolos en la Biblia: Sana Doctrina Cristiana

Standalone
Cristo en Toda la Biblia: Estudio Bíblico
Notas en los Cuatro Evangelios: Comentario Bíblico
Analizando Lo que Está por Suceder: Las Profecías de Dios
Himnos del Evangelio
El Tabernáculo en la Biblia: Como Enseñar el Tabernáculo

Tabla de Contenido

Dedication

Isaías 2:13. *Y sobre todos los cedros del Líbano, altos y sublimes, y sobre todas las encinas de Basán, Y sobre todos los montes altos, y sobre todas las colinas sublimes, Y sobre toda torre alta, y sobre todo muro cercado, Y sobre todas las naves de Tarsis, y sobre toda imagen agradable.*

No importa lo que el hombre levante, por bueno o grande que sea, si se atreve a ponerlo en competencia con Dios, la mano de Dios está contra él, y lo hará pedazos. Siempre que Dios sale de su lugar secreto, éste es su fin. Vino contra Babilonia y contra Nínive. Ay, pregunta al viajero que ha descendido maravillado a esos vastos montículos: "¿Dónde están ahora esas poderosas monarquías?". ¿Dónde está el poder de Senaquerib y dónde el de Nabucodonosor? Han desaparecido. El polvo es su único monumento. Volved, en días posteriores, al gran poder de Roma, y cuando uno camina por Some, ese vasto mausoleo de un imperio, donde uno pisa, a cada paso, el polvo de un imperio, ¿qué pensáis sino que Dios ha roto el reino de hierro, y ha hecho que lo que parecía ser un poder omnipotente desaparezca de la faz de la tierra?

Ay de todo lo que es grande y de todo lo que es alto y de todo lo que se enaltece por encima de Dios. Ya sea un poder temporal, o espiritual, pasará como un sueño de la noche, o una visión del aire, porque el Señor es, y todo lo demás es nada.

— Charles Spurgeon

Introducción al libro de Isaías

El profeta Isaías recibió una visión de Dios: su gran poder, su gloriosa majestad y su santidad purificadora. La visión de la majestad de Dios le llevó a una perspectiva humillante de sí mismo y de su sociedad. *"Ay de mí, que estoy perdido, pues soy hombre de labios impuros y habito en medio de un pueblo de labios impuros"* (Is **6,5**). Ver quién es Dios en las Escrituras puede limpiar nuestra autoimportancia y la insuficiencia de nuestro culto de boquilla, y darnos una imagen clara de lo que es verdaderamente valioso en la vida. Esto cambia nuestra forma de vivir, de hacer negocios y de rendir culto. Cuando comprendemos quién es Dios y dónde estamos en relación con Él, nuestros valores y nuestra ética de trabajo se transforman.

El libro de Isaías, en particular, ofrece una imagen clara y a veces aterradora de lo que Dios espera de sus dirigentes. En cierto sentido, se trata de una evaluación extensa -y en su mayor parte negativa- de la actuación de los reyes y otros dirigentes de Israel y Judá. (En Isaías, Judá se refiere al reino del sur de la nación dividida de Israel, mientras que *"Israel"* se refiere al reino del norte o, más a menudo, al pueblo judío en su conjunto). Los lugares de trabajo modernos son muy diferentes de los del antiguo pueblo de Israel. Por ejemplo, los líderes que vemos en el libro trabajan en puestos gubernamentales, militares o religiosos, pero los líderes de hoy también trabajan en el mundo de los negocios, la empresa, la ciencia, el mundo académico y otros campos. No obstante, el texto de Isaías puede aplicarse al mundo actual si entendemos lo que significa este libro en su contexto original y tomamos principios que se apliquen al trabajo de hoy. Además, desde la perspectiva de Isaías, la forma en que trabajamos hoy tiene valor y significado en la nueva creación que Dios promete para su pueblo.

La evaluación de Dios de Israel y Judá

La mayor parte del libro muestra a Isaías expresando la valoración de Dios sobre el fracaso de Israel a la hora de cumplir la alianza de Dios. Isaías es el primero de los grandes *"profetas literarios"* del Antiguo Testamento: aquellos cuyas profecías están escritas en libros titulados con el nombre de cada profeta. Al leer los libros de los profetas es necesario tener algún conocimiento del libro del Deuteronomio, ya que la caracterización errónea que Dios hace de los dirigentes de Israel y Judá debe entenderse a la luz de la alianza expresada en la Ley de Moisés. A través de Moisés, Dios hizo un pacto con su pueblo. Les prometió seguridad, paz y prosperidad garantizadas por Su presencia entre ellos. A cambio, los israelitas prometieron adorarle y cumplir la ley que les había dado. Isaías, como los demás profetas literarios, proclama el fracaso del pueblo y especialmente de los dirigentes en obedecer la ley de Dios. No es casualidad que los judíos de la época de Jesús resumieran generalmente el Antiguo Testamento llamándolo *"la Ley y los Profetas"*. Para entender mejor a los profetas, hay que leer sus relatos no sólo en su contexto histórico, sino también con el trasfondo de la alianza y la ley de Dios.

Perspectiva general del libro de Isaías

Según Isaías **1:1**, la carrera del profeta Isaías abarcó los reinados de cuatro reyes del reino meridional de Judá: Uzías, Jotam, Acaz y Ezequías. Fue el emisario de Dios en Judá durante más de cincuenta años (del **740** al **686** a.C.), casi cien años antes que los otros tres grandes profetas literarios: Jeremías, Ezequiel y Daniel. Aunque el escenario político de Judá era diferente al del reino septentrional de Israel, los pecados del pueblo eran tristemente similares: la adoración de dioses, la opresión y marginación de los pobres en beneficio propio y la práctica de negocios que amenazaban la ley de Dios de forma drástica. Al igual que su contemporáneo Amós (que llevó mensajes de Dios al impenitente pueblo de Israel en el lugar santo de Betel), Isaías vio claramente que la adoración con palabras vacías conduce a una ética social egoísta.

Isaías se diferencia de Jeremías y Ezequiel en que el carácter de su ministerio profético combina en gran medida la profecía (visión del futuro) con la predicación (proclamación de la verdad a un pueblo pecador). Aunque el libro de Isaías ofrece varios puntos históricos que sitúan al profeta en un periodo concreto de la historia de Judá, el texto extiende su visión desde la época de Isaías hasta el final de los tiempos, cuando Dios crea *"cielos nuevos y tierra nueva"* (Is **65,17**). Algunos eruditos han descrito el libro de Isaías como la visión de una cadena montañosa en la que son visibles varios picos, pero no los valles entre los picos (los periodos de tiempo que separan las diferentes ideas proféticas). Por ejemplo, la profecía al rey Acaz de que Dios daría como señal un niño llamado Emmanuel (Is **7:14**) es retomada por Mateo setecientos años después (Mt **1:23**) **como** una visión del Mesías a punto de nacer.

Las notas históricas del libro que presenta al profeta Isaías en el siglo VI a.C. comienzan con la recepción por parte de éste de una visión de Dios y de una llamada al ministerio de la profecía *"el año de la muerte del rey Uzías"*, es decir, el **740** a.C. (Is **6,1**). El texto pasa por alto el reinado de dieciséis años del rey Jotam (2 Re **15,32-38**) y retoma el relato de Is **7,1** con el rey Ajaz (2 **Re 16,1** en adelante), que se enfrentaba a la destrucción aparentemente inminente de Jerusalén a manos de los sirios y sus aliados en lo que entonces era el reino septentrional de Israel. Más adelante, en los capítulos **36** y **37**, el profeta describe el dilema del rey Ezequías cuando el general asirio Senaquerib sitió Jerusalén y amenazó con su destrucción total (2Re **18:13-19:37**).

Isaías continúa con la historia de Ezequías en los capítulos **38** y **39**, una historia sobre la enfermedad mortal del rey y la voluntad de Dios de prolongar su vida quince años más. En cada uno de estos momentos históricos, el profeta Isaías se relacionó directamente con los reyes, comunicándoles las palabras de Dios. La profecía de Isaías ofrece al pueblo de Dios una visión que abarca desde el inminente juicio nacional, pasando por la restauración por la gracia tras la catástrofe resultante, hasta la esperanza escatológica de algo tan diferente que sólo puede llamarse un cielo nuevo y una tierra nueva (Is **65:17**). Su obra (predicción y exhortación a la vez) abarca desde la monarquía en Judá hasta el exilio de la nación en Babilonia, pasando por la restauración y el retorno a Judá. Anuncia acontecimientos desde la venida del Mesías hasta la llegada de *"cielos nuevos y tierra nueva"*. Estructuralmente, los capítulos **1-39** cubren el periodo del ministerio activo de Isaías, mientras que los capítulos restantes del libro (**40-66**) tratan en profundidad el futuro del pueblo de Dios. Así pues, la palabra profética del Señor a través de Isaías abarca incontables generaciones.

La vocación de Isaías era servir como emisario de Dios ante el pueblo de Judá, proclamando su condición pecaminosa ante Dios. Más tarde, el profeta insistió en que sus profecías quedaran registradas para las generaciones futuras: *"Ahora ve y escríbelo en una tabla delante de ellos... para que sirva de testimonio en el último día para siempre. Porque éste es un pueblo rebelde, hijos falsos, hijos que no escuchan la instrucción del Señor"* (Is **30,8.9**). El pecado del pueblo se define por su desatención a la ley de Dios o a los requisitos de la alianza de Dios para ellos como pueblo suyo. Las profecías contra el pueblo pecador son tan fuertes que la situación podría describirse así: El deseo de Dios para aquellos a quienes ha llamado a ser Su pueblo es tal que si no son Su pueblo, ni siquiera pueden ser un pueblo.

La perspectiva de Dios sobre nuestro trabajo

De los escritos de Isaías se desprenden siete temas principales relativos a nuestro trabajo diario: (**1**) hay una relación integral entre nuestra adoración y nuestra vida laboral; (**2**) el orgullo, la arrogancia y la autosuficiencia en nuestro trabajo nos harán fracasar; (**3**) Dios desprecia la riqueza obtenida explotando a los pobres y marginados; (**4**) Dios desea que vivamos en paz y prosperidad mientras confiemos en Él; (**5**) Dios, nuestro Creador, es la fuente de todas las cosas; (**6**) en Isaías vemos un poderoso ejemplo de un siervo de Dios en el trabajo; y finalmente, (**7**) el significado último del trabajo hoy se encuentra en la nueva creación. Estos temas se tratarán en el orden en que aparecen en el libro de Isaías.

Adoración y trabajo (Isaías 1)

Isaías comienza subrayando que los rituales religiosos son aborrecibles para Dios cuando van acompañados de una vida de pecado:

¿Cuál es la plenitud de tus sacrificios para Mí? -dice el Señor. Ya estoy harto de holocaustos de carneros y de vacas cebadas; y la sangre de toros, corderos y machos cabríos no me agrada... ¿quién os pide esto, que pisoteéis mis atrios? No traigáis más vuestros vanos sacrificios, porque el incienso es abominación para Mí ... esconderé de vosotros Mis Ojos; sí, aunque multipliquéis las oraciones, no oiré. Vuestras manos están llenas de sangre. Lavaos, purificaos, quitad de delante de Mí la maldad de vuestras obras; dejad de hacer el mal, aprended a hacer el bien, buscad la justicia, reprended al opresor, defended al huérfano, abogad por la viuda (Is **1,11-17**).

Más adelante, repite la exigencia de Dios: "*Este pueblo se acerca a mí con sus palabras y me honra con sus labios, pero se aparta de mí con su corazón, y su culto hacia mí es sólo una tradición aprendida de memoria*" (Is **29,13**). El desastre que se cierne sobre la nación es consecuencia directa de su decisión de oprimir a los trabajadores y no atender a los necesitados económicamente.

Declara a mi pueblo su transgresión, y a la casa de Jacob sus pecados. Sin embargo, me buscan día a día y se deleitan en conocer mis caminos como un pueblo que ha hecho justicia y no ha abandonado la ley de su Dios. Me piden juicios justos; se deleitan en la cercanía de Dios. Dicen: "*¿Por qué hemos ayunado, y no ves? ¿Por qué nos hemos humillado, y Tú no lo ves?*". He aquí que en el día de vuestro ayuno buscáis vuestra comodidad y oprimís a todos vuestros siervos. He aquí que ayunáis para la contienda y el pleito, y para golpear con puño maligno.

¿No es verdad que debes partir el pan con el hambriento y acoger al desamparado, que cuando veas al desnudo debes cubrirlo y no esconderte de tu prójimo? Entonces brotará tu luz como el alba, y tu curación brotará pronto; tu justicia irá delante de ti, y la gloria de Yahveh será tu retaguardia. (Isa **58:1b-4, 6-8**).

En nuestro mundo de hoy, en el que nuestro trabajo diario parece estar desconectado de nuestra adoración de fin de semana, Dios dice: "*Si conoces mi ley y me amas, no maltratarás a tus trabajadores*". Isaías sabía por experiencia propia que una verdadera visión de Dios cambia nuestras vidas, incluida la forma en que vivimos como cristianos en el lugar de trabajo.

¿Cómo ocurre esto? Una y otra vez, Isaías nos da una visión de Dios que es alto y exaltado sobre todos los dioses:

- "*El Señor de los ejércitos es a quien has de santificar. Él será tu temor y tu miedo. Él será tu santuario*" (Is **8,13-14**).

- El poder incomparable de Dios está templado por la compasión hacia su pueblo: "¿Por *qué dices*", oh Jacob, y dices, oh Israel: 'Mi camino está oculto a Yahveh, y mi derecho no es conocido por mi Dios'? ¿no lo sabes? ¿no lo has oído? El Eterno Dios, el Señor, el Creador de los confines de la tierra, no se cansa ni desmaya. Su entendimiento es inescrutable. "*Él da fuerza a los cansados y fortaleza a los pusilánimes*" (Isaías **40:27-29**).

- "*Yo soy desde siempre, y no hay quien pueda librar de mi mano; yo obro, ¿y quién podrá deshacerlo?*". (Isaías **43:13**).

- Yo soy el primero y Yo soy el último, y no hay otro Dios fuera de Mí. "*¿Y quién es como Yo?*" Que declare y declare. Sí, ¿quién en orden lo he ensayado delante de Mí desde que establecí la antigua nación? Que les declare lo que ha de venir y lo que ha de hacerse" (Is **44,6-7**).

- "*Escúchame, Jacob. Yo soy, yo soy el primero y también soy el último. Ciertamente mi mano fundó la tierra, y mi diestra extendió los cielos*" (Is **48,12-13**).

Puede que el poder de Dios nos haga temblar, pero su compasión por nosotros nos atrae hacia Él. En respuesta, le adoramos y vivimos en todo momento a la luz de su deseo de que reflejemos su preocupación por la justicia y la rectitud. Nuestro trabajo y nuestra adoración están vinculados por nuestra perspectiva del Santo. Nuestra comprensión de quién es Dios cambiará nuestra forma de trabajar, de actuar y de ver y tratar a las personas que puedan beneficiarse de nuestro trabajo.

La conexión integral entre nuestro trabajo y la aplicación práctica de nuestra adoración se ve también en las historias de dos reyes a quienes el profeta llamó a confiar en Dios en su trabajo. Acaz y Ezequías tenían responsabilidades de liderazgo como monarcas de Judá. Ambos se enfrentaron a formidables enemigos empeñados en la destrucción de su nación y de la ciudad de Jerusalén. Ambos tuvieron la oportunidad de creer en la palabra de Dios a través del profeta Isaías de que Dios no permitiría que la nación cayera en manos del enemigo. De hecho, la palabra de Dios a Acaz fue que lo que más temía el asustado rey no sucedería, pero "*si no crees, no podrás resistir*" (Isaías **7:9**). Acaz se negó a confiar en que Dios los salvaría y, en su lugar, recurrió a una alianza imprudente con Asiria.

Una generación más tarde, Ezequías se enfrentó a un enemigo aún más formidable, e Isaías le aseguró que Dios no permitiría que la ciudad cayera en manos de los ejércitos de Senaquerib. Ezequías decidió creer a Dios, y "*el ángel de Yahveh salió y mató a ciento ochenta y cinco mil en el campamento de los asirios; y cuando los demás se levantaron por la mañana, he aquí que todos estaban muertos. Entonces Senaquerib, rey de Asiria, partió, volvió a su tierra y habitó en Nínive*" (Isaías **37:36-37**).

En estos dos relatos, Isaías nos subraya el contraste entre la fe en Dios (base de nuestra adoración) y el miedo que nos causan quienes nos amenazan. El trabajo es un lugar donde tenemos que elegir entre la fe y el miedo. ¿Dónde está el Señor cuando trabajamos? Él es Emmanuel, "*Dios con nosotros*" (Isaías **7:14**), incluso en el trabajo. Lo que creamos sobre el carácter de Dios determinará si "*permaneceremos firmes en la fe*" o si nos dejaremos vencer por el miedo a quienes tienen el poder de hacernos daño.

Orgullo, arrogancia y autosuficiencia (Isaías 2)

En los escritos de Isaías, el orgullo, la arrogancia y la autosuficiencia se asocian especialmente con la negación de la autoridad y la majestad de Dios en todos los ámbitos. Sustituimos el excepcionalísimo de Dios por la confianza en el ingenio humano o en dioses extranjeros. Isaías abordó este problema directamente en la primera parte de su libro: *"El rostro altivo del hombre será abatido, y la soberbia del hombre será humillada; y sólo el Señor será exaltado en aquel día"* (Isaías **2:11**). El orgullo de una nación se revela en tres aspectos: su riqueza, su poderío militar y su idolatría. La combinación de estos tres factores crea una tríada dañina y destructiva que aleja a la gente de la humilde dependencia de Dios. En lugar de ello, dependen del trabajo de sus manos: ídolos, así como de la riqueza y el poder militar.

Isaías describe su riqueza en plata y oro: *"Sus tesoros no tienen fin"* (Isaías **2:7**). Hace la misma afirmación sobre su poderío militar y sus ídolos: parece no haber límite para el pueblo. El profeta se burla de los ídolos que los hombres crean y luego adoran como dioses (Is **44,10-20**). Dios aborrece el orgullo y la autosuficiencia humanos. La riqueza acumulada o la búsqueda de riqueza que empuja la majestad de Dios a los márgenes de nuestra vida cotidiana es una ofensa al Señor: *"Que deje de ser estimado el* *hombre, cuyo aliento de vida está en su nariz; porque ¿cómo puede ser estimado?"*. (Is **2,22**). En el capítulo **39**, el rey Ezequías cae bajo el juicio de Dios porque decidió mostrar el tesoro del templo a los enviados de la lejana Babilonia. En lugar de tratar de impresionar a un adversario con las riquezas del reino, el rey debería haberse humillado ante Dios.

Explotación y marginación (Isaías 3)

Una acusación recurrente a lo largo del libro de Isaías es que los líderes eran infieles a la alianza de Dios porque buscaban riqueza y estatus a costa del bienestar de los pobres y marginados. Isaías **3:3-15** recoge el juicio de Dios sobre los ancianos y líderes del pueblo por aumentar su propia riqueza saqueando y oprimiendo a los pobres. Respecto a la situación descrita en Isaías **3:14**, H. G. M. Williamson hace la siguiente observación:

Esto se asocia generalmente con el desarrollo en este periodo de una estructura de clases en la que la riqueza, y por tanto el poder, se concentró cada vez más en manos de una minoría privilegiada a expensas de los pequeños productores y otros agentes similares. .... La necesidad de crédito, con los consiguientes peligros de la esclavitud... la ejecución hipotecaria y, finalmente, la esclavitud por deudas, era el medio por el que esta situación podía resolverse legalmente, aunque de forma injusta, en opinión de los profetas.

Del mismo modo, en la parábola de la viña de Isaías **5**, el primero de varios lamentos contra el pueblo de Judá se refería precisamente a su explotación de los pobres para acumular riqueza: *"Ay de vosotros, que juntáis casa con casa, y añadís campo con campo, hasta que ya no queda sitio, para que habitéis solos en medio de la tierra"* (Isaías **5:8**).

Como pueblo de Dios, estaban llamados a ser diferentes de las culturas rivales que les rodeaban. La explotación de los pobres para el avance de la élite social era una violación de los requisitos del pacto de Dios de que Su pueblo fuera verdaderamente Su pueblo. Este patrón puede verse antes en la historia de Israel, en el reinado de Acab a través de su esposa extranjera, Jezabel, quien robó la viña de un granjero llamado Nabot después de haberlo hecho matar. El profeta Elías se enfureció y dijo: *"Los perros se comerán a Jezabel en la tierra de Jezreel"* (1 **Re 21**,23). Isaías vio que el modelo de ambición egoísta basado en la injusticia contra los pobres y marginados seguía presente en Judá y declaró que llegaría el día en que el Mesías de Dios acabaría con él. *"Juzgará con justicia a los pobres y gobernará con justicia a los afligidos de la tierra"* (Isaías **11:4**).

Aunque Isaías se centró en los pecados del pueblo de Dios en Judá, también incluyó el juicio de Dios sobre las naciones: *"Este es el plan que se ha acordado contra toda la tierra, y esta es la mano que se extiende contra todas las naciones"* (Is **14,26**). Babilonia sería derrocada (Is **13,9-11**); en tres días acabaría la gloria de Moab (Is **15**); Siria caería (Is **17,7-8**), al igual que Etiopía (Is **18**), Egipto (Is **19,11-13**) y Tiro (Is **23,17**). Dios destruiría al rey de Asiria a causa de su corazón arrogante y su semblante altivo (Is **10:12**). *"La tierra está contaminada por sus habitantes, porque han transgredido las leyes... Por eso una maldición devora la tierra, y los que viven en ella son tenidos por culpables"* (Is **24,5-6a**).

La preocupación de Dios por la justicia y la rectitud le lleva hoy a juzgar a naciones, gobiernos, comunidades, corporaciones, instituciones, organizaciones e individuos que engañan y estafan a otros para su beneficio personal. En nuestros días, vemos la explotación de naciones enteras por sus propios líderes, como en Myanmar; el desastre causado por la negligencia de corporaciones extranjeras, como en el desastre de Bhopal en India; y la estafa a inversores por individuos como Bernie Madoff. Igualmente importantes son las injusticias aparentemente pequeñas que vemos y en las que participamos, como las compensaciones injustas, las cargas de trabajo excesivas, las cláusulas contractuales gravosas, hacer trampas en los exámenes y hacer caso omiso de los abusos en casa, en el trabajo, en la iglesia o en la calle. Al final, Dios juzgará a quienes se enriquecen o conservan sus empleos o privilegios explotando a los pobres y marginados.

Paz y prosperidad (Isaías 9)

En contraste con el orgullo, la arrogancia y la autosuficiencia que nos destruirán, o con los que explotan a los pobres para enriquecerse, el cuarto tema de Isaías dice que cuando ponemos nuestra confianza en el único Dios verdadero, viviremos en paz y prosperidad. El pueblo de Dios se alegrará ante su Señor *"como con la alegría de la siega"* (Isaías **9:3**). Por el poder del Espíritu de Dios, el pueblo vivirá en paz y seguridad y disfrutará de su trabajo (Isaías **32:15**): *"Bienaventurados los que sembráis junto a todas las aguas, y dejáis libres al buey y al asno"* (Isaías **32:20**).

Del mismo modo, una de las promesas que vinieron después de que Ezequías confiara en la liberación de Dios del rey asirio Senaquerib fue que el pueblo disfrutaría de los frutos de su propio trabajo:

"Esto os servirá de señal: este año comeréis lo que crezca espontáneamente; el segundo año lo que brote por sí mismo; y el tercer año sembraréis, segaréis, plantaréis viñas y comeréis su fruto" (Isaías **37:30**). Debido al temor a la inminente invasión de Senaquerib, la tierra estaba aletargada. Dios prometió que de ella saldrían alimentos, aunque no hubiera sido cultivada. Pero para que un pueblo pueda disfrutar del fruto de una viña, se necesitan años de paz para cultivarla adecuadamente. Las condiciones de paz son una bendición de Dios. El trabajo exitoso de Judá en el

campo y en la viña sirvió como una señal continua del amor del pacto de Dios.

En la imagen de la nueva Sión de Isaías **62**, una de las promesas de Dios es que el pueblo disfrutará de su propia comida y del vino por el que ha trabajado (Isaías **62:8-9**). Asimismo, en la descripción de los cielos nuevos y la tierra nueva, donde las cosas del pasado serán olvidadas en la nueva creación, el pueblo de Dios ya no estará oprimido, sino que construirá sus propias casas, beberá su propio vino y comerá su propia comida (Is **65:21-22**). Dado que el trabajo en el campo era la ocupación principal de la mayoría de la gente en el Antiguo Testamento, muchos de los ejemplos de la Biblia están sacados de la vida y las expectativas agrícolas. Sin embargo, el principio general es que Dios nos llama, sea cual sea nuestra vocación, a confiar en Él tanto en nuestro trabajo como en los aspectos aparentemente más religiosos de nuestras vidas.

Dios valora las funciones creativas que desempeña su pueblo cuando se esfuerza por sobresalir en lo que hace bajo la alianza de Dios. *"También plantarán viñas y comerán sus frutos"* (Is **65:21**). Los problemas surgen cuando intentamos dar la vuelta a la distinción Creador/criatura, sustituyendo los valores y la provisión de Dios por nuestros propios valores y nuestra ambición desmedida. Esto sucede cuando colocamos nuestro trabajo en un lugar aparte, como un asunto secular que parece desconectado del reino de Dios. En un mundo caído, por supuesto, vivir fielmente no siempre conduce a la prosperidad. Pero el trabajo realizado al margen de la fe puede conducir a resultados aún peores que la pobreza material, que es precisamente lo que descubrió Judá según se relata en los primeros capítulos de la profecía de Isaías.

Dios: Fuente de vida, conocimiento y sabiduría (Isaías 28)

Más que ningún otro profeta literario, Isaías nos muestra repetidamente una visión de Dios que, una vez captada, nos hace inclinarnos en humilde adoración. Dios es la fuente de todo lo que somos, de todo lo que tenemos y de todo lo que sabemos. Trescientos años antes, Salomón resumió esta verdad: *"El temor del Señor es el principio de la sabiduría"* (Proverbios **1**:7) y *"El temor del Señor es el principio de la sabiduría"* (Proverbios **9**:10). Ahora Isaías nos muestra al Dios que es la fuente de este conocimiento y sabiduría, y por qué nuestra percepción de quién es el Señor adquiere relevancia para nuestra vida y nuestro trabajo.

Dios es quien nos dio nuestro ser: *"Tú que fuiste llevada por Mí desde el vientre materno, tú que fuiste llevada por Mí desde el vientre materno. Hasta tu vejez seré el mismo, y hasta tu vejez te sostendré. Yo he hecho esto, y yo te llevaré; yo te sostendré, y yo te libraré"* (Isaías **46**,3-4). Dios nos ha dado sabiduría y entendimiento: *"Yo soy el Señor, tu Dios, que te enseña para tu bien, que te guía por el camino que debes seguir"* (Isaías **48**,17). El Dios que nos creó y nos dio entendimiento es la única fuente de tal conocimiento:

El que midió las aguas en el hueco de Su mano, El que midió los cielos con la envergadura de Su mano, El que pesó el polvo de la tierra con un tercio de medida, El que pesó los montes con una balanza, y las colinas con un par de balanzas? He aquí que Él levanta las islas como polvo fino. El Líbano no basta para el fuego, ni sus bestias para los holocaustos. Todas las naciones ante él son como nada, menos que nada, e insignificantes a sus ojos. ¿Con quién, pues, compararéis a Dios, o con qué semejanza lo compararéis? (Is **40,12-18**)

Una vez que reconocemos a Dios como fuente de nuestra vida, conocimiento y sabiduría, tenemos una nueva perspectiva de nuestro trabajo. El mismo hecho de que tengamos el conocimiento o la habilidad para el trabajo que hacemos nos remite a nuestra fuente, Dios, que nos creó con el conjunto de habilidades e intereses que tenemos. Vivir en "temor" del Señor es el punto de partida para el conocimiento y la sabiduría. Reconocer esto también nos permite aprender de otros a quienes Dios ha dado conocimientos o habilidades complementarias. El trabajo creativo en equipo es posible cuando respetamos la obra de Dios tanto en los demás como en nosotros mismos.

Cuando experimentamos a Dios obrando en nosotros, nuestro trabajo da fruto. *"El agricultor sabe exactamente lo que tiene que hacer porque Dios le ha dado entendimiento"* (Is **28,26** NTV). También podríamos decir: *"El artesano sabe exactamente qué hacer porque Dios le ha dado entendimiento"*, o "El hombre de negocios sabe exactamente qué hacer porque Dios le ha dado entendimiento". De manera misteriosa, nos convertimos en cocreadores con Dios en nuestro trabajo como instrumentos en la mano de Dios para propósitos más profundos de lo que nos damos cuenta.

El siervo en acción (Isaías 40)

Aunque "rectitud" o "justicia" en Isaías **1-39** (a menudo asociado con justicia, el término mishpat) es una palabra utilizada para revelar los defectos y la infidelidad de Judá, "rectitud" o "justicia" en Isaías **40-55** se entiende principalmente como un don que Dios realiza en favor de su pueblo. Isaías mismo sirve como primer ejemplo de siervo que trae este don de Dios.

El enigmático *"siervo"* implicado en Isaías **40-55** establece la justicia o el juicio. Isaías **42:1-4**, el primero de los llamados cantos del siervo, habla del siervo como alguien que establece la justicia en la tierra. Aquí, en la figura del Siervo, Dios responde al clamor de justicia de Judá en Isaías **40:27**: *"Mi camino está oculto a Yahveh, y mi derecho [mishpat] pasa inadvertido a mi Dios"*. La iniciativa divina de Dios se ordena ahora para realizar en favor de su pueblo lo que éste no podía realizar por sí mismo. El medio por el que Dios logra la salvación tanto para Israel como para las naciones se encuentra en esta figura evolutiva del Siervo de Dios. El siervo es el que realiza la justicia y la rectitud.

La identidad narrativa del siervo se desarrolla a partir del propio Israel en los capítulos **40-48** como figura individual que carga sobre sus hombros la identidad misional de Israel tanto para el mismo pueblo como para las naciones en los capítulos **49-53**. La razón del paso de la nación de Israel a una figura que es Israel encarnado (o un Israel idealizado) es el fracaso del pueblo en el cumplimiento de su misión a causa de su pecado. Lo que vemos en la figura de este siervo es que es el único medio por el que Dios comunica su presencia misericordiosa y sus intenciones de restauración a su pueblo rebelde. Es a través de la figura del siervo como la justicia (entendida ahora como fidelidad pactada con el pueblo de Dios) se le ofrece como un don de la libertad soberana de Dios y del compromiso con sus promesas. La justicia es algo que se recibe, no que se alcanza.

Los dos retratos de la justicia presentados en Isaías **1-39** y **40-55** se estudian para ofrecernos una comprensión matizada de la justicia en Isaías **56-66**. Es esta porción de Isaías la que presenta algunos de los retratos más claros de una doctrina para el trabajo. La justicia ofrecida como don en Isaías **40-55** es ahora una obligación que hay que cumplir en los capítulos **56-66**: "*Así dice el Señor: (Conservad el derecho y haced justicia, porque viene mi salvación y mi justicia se va a manifestar)*" (Isaías **56:1**).

El llamamiento de Isaías **56-66** a defender la justicia y obrar con rectitud es una posibilidad que se ofrece ahora al pueblo de Dios, gracias a la anterior declaración de la gracia del Señor sobre ellos en la figura del Siervo. El lenguaje de Isaías **56:1** está relacionado con Isaías **51:4-8**, donde Judá es llamado de nuevo a perseguir la justicia y la rectitud. En este pasaje, la posibilidad creada para que el pueblo de Dios haga justicia se encuentra en las frases finales de Isaías **51:6, 8**: la justicia y la salvación de Dios no fallarán, sino que perdurarán para siempre. A medida que los capítulos **40-55 se** despliegan en su forma literaria, vemos la justicia y la salvación de Dios promulgadas en la persona del siervo (Is **53**) que sufre por y en lugar de los demás. El llamamiento a "*hacer justicia*" de los capítulos **56-66** es posible gracias a que Dios se ocupó previamente de la infidelidad de Israel mediante la acción misericordiosa del Siervo y su sustitución. En lenguaje teológico, la gracia de Dios precede a la ley, como demuestra la iniciativa misericordiosa de Dios de redimir a Su pueblo a toda costa. Este es el único medio por el que puede haber una conversación sobre la responsabilidad humana o la acción justa. Es en la seguridad del perdón de Dios que encontramos en Jesucristo donde se realiza el ímpetu de las buenas obras.

El profeta cambia el argumento de lo negativo a lo positivo presentando *"el ayuno que yo [Dios] he elegido"* (Is **58,6**). Este ayuno incluye romper las cadenas de la injusticia, liberar al oprimido, compartir la comida con el hambriento, dar cobijo al pobre peregrino, vestir al desnudo y cuidar de la familia (Is **58,6-7**). Isaías presenta una imagen de los valores que deberían caracterizar al pueblo de Dios en marcado contraste con los de la mayoría de las culturas de su entorno. La lealtad a Dios se rompe a causa de la religión externa o del comportamiento religioso, que puede mezclarse con una ética del trabajo caracterizada por la falta de preocupación por los trabajadores (en la que los trabajadores, empleados o subordinados son simples instrumentos para el desarrollo personal o corporativo), o un estilo de liderazgo dado al conflicto, la lucha, la calumnia, un temperamento irascible y una ira incontrolada. Se reclama al pueblo de Dios el perdón previo de nuestros pecados en la persona y obra de Jesucristo. La promesa después del asalto en el capítulo **58** desata todas las promesas de Dios en medio de su pueblo: *"Entonces brotará tu luz... tu justicia irá delante de ti, y la gloria de Jehová será tu retaguardia"* (Isaías **58:8**; cf. Isaías **52:12**). Al trazar el desarrollo del *"siervo"* desde la nación de Israel a un Israel idealizado, luego al siervo del Señor en los capítulos **52-53,** y después a los siervos de ese siervo, nos detenemos a considerar las implicaciones para el ministerio del modelo de siervo que vemos en Jesucristo. Isaías construye cuidadosamente su descripción del siervo para dejar claro que es un reflejo de Dios mismo. Por eso, los cristianos han dicho tradicionalmente que el Siervo es el propio Jesús. La descripción que hace Isaías del sufrimiento del Siervo en los capítulos **52-53** nos recuerda que, como siervos de Dios, podemos ser llamados al sacrificio en el trabajo, como lo fue Jesús.

Estaba más desfigurado que cualquier hombre, y su aspecto más desfigurado que el de los hijos de los hombres... Despreciado y desechado entre los hombres, varón de dolores y experimentado en quebranto; y como aquél a quien los hombres ocultan el rostro, fue menospreciado, y no le tuvimos en estima... Mas Él herido fue por nuestras rebeliones, molido por nuestros pecados. El castigo de nuestra paz fue sobre Él, y por sus llagas fuimos nosotros curados... Pero no abrió su boca; como cordero llevado al matadero, y como oveja muda ante sus trasquiladores, no abrió su boca. (Isaías **52:14; 53:3, 5, 7**).

Una visión adecuada de Dios nos motivará a hacer nuestra Su norma, no sea que permitamos que el egoísmo y el engrandecimiento propio perviertan nuestro trabajo. En su muerte y resurrección, Jesús satisfizo una necesidad que nos era imposible satisfacer por nosotros mismos. La norma de Dios nos llama a satisfacer las necesidades de justicia y rectitud a través de nuestro trabajo:

La justicia ha retrocedido, y la rectitud está lejos; porque la verdad ha tropezado en la calle, y la rectitud no puede entrar. Sí, falta la verdad, y el que se aparta del mal es hecho presa. Y lo vio el Señor, y desagradó a sus ojos que no hubiera justicia. Al ver que no la había, se asombró de que no hubiera quien intercediera.

Entonces su brazo le trajo salvación, y su justicia lo sostuvo. (Is **59,14-16**).

Como servidores del siervo del Señor, estamos llamados a satisfacer las necesidades insatisfechas. En el lugar de trabajo, esto puede verse de diversas maneras: preocupación por un empleado o compañero de trabajo que está siendo maltratado, atención a la integridad de un producto que se vende a los consumidores, negativa a utilizar atajos en los procesos que privan a las personas de su aportación, incluso negativa a acaparar en tiempos de escasez. Como escribió Pablo a los gálatas: "*Sobrellevad los unos las cargas de los otros, y cumplid así la ley de Cristo*" (Gal **6:2**).

Como siervos del siervo del Señor, puede que no recibamos el reconocimiento que deseamos. Las recompensas pueden demorarse, pero sabemos que Dios es nuestro juez. Isaías lo expresa de esta manera: "Porque así dice el Alto y Sublime que vive para siempre, cuyo nombre es Santo: "*Yo habito con los altos y santos, y con los mansos y humildes de espíritu, para vivificar el espíritu de los humildes, y para vivificar el corazón de los contritos*" (Isaías **57:15**).

El significado del trabajo (Isaías 60)

- A lo largo del libro, Isaías anima a Israel con la esperanza de que Dios acabará por remediar el sufrimiento actual del pueblo. El trabajo y sus frutos están incluidos en esta esperanza. En el capítulo **40,** cuando el libro pasa de decir la verdad sobre el presente a decir la verdad sobre el futuro, aumenta el sentimiento de esperanza. El material del siervo sufriente de los capítulos **40-59** sólo puede entenderse como un regalo de esperanza de Dios en el cumplimiento futuro de Su reino.

- En los capítulos **60-66** esta esperanza se expresa finalmente en su plenitud. Dios reunirá a su pueblo (Is **60,4**), derrotará a los opresores (Is **60,12-17**), redimirá a los rebeldes arrepentidos (Is **64,5-65,10**) y establecerá su reino justo (Is **60,3-12**). Dios mismo gobernará en lugar de los líderes infieles de Israel: *"Sabrás que yo, Yahveh, soy tu Salvador y tu Libertador, el Poderoso de Jacob"* (Is **60,16**). El cambio es tan radical que equivale a una nueva creación, de un poder y una majestad paralelos a los de la primera creación del mundo por Dios. *"Voy a crear cielos nuevos y una tierra nueva, y de lo primero no habrá memoria ni vendrá al pensamiento"* (Is **65,17**).

- Los capítulos **60-66** están llenos de retratos gráficos del reino perfecto de Dios. De hecho, gran parte de la metáfora y la enseñanza para el ministerio del Nuevo Testamento proviene de estos capítulos de Isaías. Los capítulos finales del Nuevo Testamento (Apocalipsis **21-22**) son esencialmente una recapitulación de Isaías **65-66** en términos cristianos.

- Puede sorprender a algunos lo mucho que Isaías **60-66** tiene que ver con el trabajo y sus efectos. Las cosas por las que la gente trabaja en la vida finalmente prosperan, incluyendo

- - Mercados y comercio, que incluye el movimiento de oro y plata (Is. **60:7, 9**), el crecimiento de los árboles y la apertura de puertas para el comercio. *"Tus puertas estarán siempre abiertas; no se cerrarán ni de día ni de noche, para que te traigan las riquezas de las naciones, con sus reyes en procesión"* (Is. **60:11**).

- - Productos agrícolas y forestales, como el incienso, los rebaños, los carneros (Is **60,6-7**), el ciprés y el boj (Is **6,13**).

- - Transporte por tierra y mar (Is **60:6, 9**), y quizá incluso por aire (Is **60:8**).

- - Justicia y paz (Is **60,17-18; 61,8; 66,16**)

- - Servicios sociales (Isaías **61:1-4**)

- - Comida y bebida (Isa **65:13**)

- - Salud y longevidad (Is **65:20**)

- - Construcción y vivienda (Is **65:21**)

- - Prosperidad y riqueza (Is **66:12**).

Todas estas bendiciones se le escaparon a Israel en su infidelidad a Dios. De hecho, cuanto más intentaban obtenerlas, menos les importaba adorar a Dios o seguir Sus caminos. El resultado fue que les faltó aún más. Pero cuando el libro de Isaías presenta la esperanza futura de Israel como la Nueva Creación, todas las promesas anteriores del libro pasan a primer plano. La imagen que se presenta es la de un futuro escatológico o último día en el que los "descendientes justos del siervo" disfrutarán de todas las bendiciones de la era mesiánica descrita anteriormente. Entonces la gente recibirá realmente aquello por lo que trabaja, pues "no trabajarán en vano" (Is **65:23**). El luto de Israel se transformará en alegría, y uno de los motivos dominantes de esta alegría venidera es el disfrute del trabajo de sus propias manos.

Conclusiones del Libro de Isaías

Como cristianos que vivimos en la tensión entre la inauguración del reino de Dios y su próxima realización, el disfrute de nuestro trabajo y del fruto de nuestra labor para alabar la gloria de Dios anuncia el día en que esa tensión terminará. Podría decirse que cuando los cristianos disfrutan de su trabajo y del fruto que produce para alabanza de la gloria de Dios, saborean un poco del cielo en la tierra. Cuando todo se arregle, y el cielo y la tierra sean como fueron concebidos originalmente, el trabajo no cesará, sino que continuará y será una gran alegría para quienes lo realicen, pues el aguijón de la Caída habrá desaparecido irrevocablemente. El trabajo duro y la alegría de sus frutos son dones de Dios que hay que disfrutar y compartir con los demás. A través de estos dones podemos contribuir al florecimiento humano y a aliviar el sufrimiento. La profecía de Isaías describe bellamente el hecho de que incluso en nuestro trabajo de lunes a viernes debemos cumplir la ley amando a Dios y al prójimo (véase Mt 22:33-40). En la economía de Dios, no podemos amar al Señor y no amar a nuestro prójimo. Cuando hacemos nuestro trabajo en este contexto de gracia, hecho posible por la obra perdonadora y restauradora de Jesucristo, nuestra alegría puede ser completa. Cuando el trabajo y la labor se convierten en enfoques retorcidos de nuestro propio engrandecimiento personal a costa de la dignidad de nuestros subordinados y de la opresión de los pobres y marginados, la sarcástica palabra profética de Isaías nos sigue hablando con fuerza: *"Este no es el ayuno que yo he elegido"*. Cuando se disfruta del trabajo en el contexto del amor a Dios y del amor al prójimo, se puede saborear en el aquí y el ahora el sabor de los cielos nuevos y de la tierra nueva.

Don't miss out!

Visit the website below and you can sign up to receive emails whenever Sermones Bíblicos publishes a new book. There's no charge and no obligation.

https://books2read.com/r/B-A-ALQN-NGLLC

BOOKS2READ

Connecting independent readers to independent writers.

Did you love *Analizando la Enseñanza del Trabajo en el Libro Profético de Isaías*? Then you should read *Analizando la Enseñanza del Trabajo en los Libros Proféticos de la Biblia*[1] by Sermones Bíblicos!

Descubre el poder transformador de la educación laboral en los libros proféticos de la Biblia. En este fascinante libro, exploraremos las enseñanzas prácticas que podemos aplicar a nuestros días desde un contexto bíblico histórico. A través de relatos cautivadores y citas bíblicas poderosas, descubrirás principios clave para el éxito profesional y las habilidades prácticas necesarias para sobresalir en cualquier entorno laboral.

---

1. https://books2read.com/u/bwNZKO

2. https://books2read.com/u/bwNZKO

Aprenderás cómo mantener la integridad en medio de la presión, tomar decisiones sabias y éticas, y encontrar tu propósito y pasión en tu trabajo. Aprenderemos cómo mantener nuestra integridad e influencia positiva en un entorno corporativo lleno de retos. Además, descubriremos consejos prácticos para desarrollar nuestras habilidades profesionales, manejar el estrés y encontrar satisfacción en nuestro trabajo diario.Este no es solo otro libro sobre educación o desarrollo profesional; es una guía integral basada en principios sólidos extraídos de los libros proféticos de la Biblia. Si estás buscando una nueva perspectiva para tu vida laboral y deseas crecer tanto personal como profesionalmente desde un fundamento sólido e intemporal como lo es la Palabra de Dios, este libro es para ti.*¡Prepárate para ser capacitado por estas enseñanzas prácticas! ¡Descubre cómo puedes tener éxito en tu carrera mientras vives conforme al propósito divino!*

Also by Sermones Bíblicos

Estudiando El Tabernáculo de la Biblia
El Tabernáculo: Descripción de sus Componentes
Principios Bíblicos para una Iglesia: Ilustrados por El Tabernáculo
El Tabernáculo: En el Desierto y las Ofrendas
El Tabernáculo: Las Ofrendas Levíticas, el Sacrificio de Expiación
El Tabernáculo: Un santuario Terrenal
Analizando la Enseñanza del Trabajo en el Libro Profético de Jeremías y Lamentaciones

Estudio Bíblico Cristiano Sobrevolando la Biblia con Enseñanzas de la Sana Doctrina
Estudio Bíblico: Génesis 1. La Creación en Seis Días
Estudio Bíblico: Génesis 2. Estatutos de la Creación
Estudio Bíblico: Génesis 3. La Caída del Hombre
El Tabernáculo: En el Nuevo Testamento
Estudio Bíblico: Génesis 4. Aconteció Andando el Tiempo; Presente, Tributo, Oblación

La Enseñanza en la Clase Bíblica
Estudiando la Enseñanza en la Clase Bíblica: Guía para
Maestros

Los Cuatro Evangelios de la Biblia
Analizando Notas en el Libro de Mateo: Cumplimientos de las
Profecías del Antiguo Testamento

Los Cuatro Evangelios de la Biblia
Analizando Notas en el Libro de Marcos: Encontrando Paz en
Tiempos Difíciles
Analizando Notas en el Libro de Lucas: El Amor Divino de
Jesús Revelado
Analizando Notas en el Libro de Juan: La Contribución de Juan
a las Escrituras del Nuevo Testamento

Notas en el Nuevo Testamento
Analizando Notas en el Libro de los Hechos: Un Viaje de
Continuación en la Obra de Jesús

Personajes de la Biblia

Analizando Escenas Bíblicas: 62 Inspiradoras Enseñanzas
Cristianas del Antiguo Testamento

Profecías Bíblicas
Perfíl Profético: La Última Semana
Claras Palabras Proféticas: La Profecía Hecha Historia
Perspectiva de la Profecía: El Próximo Gran Acontecimiento
Desarrollo Profético de Dios: Las Señales de los Tiempos
Profecía Cronológica: Las Cosas que Sucederán en la Tierra
Seis Días Proféticos en la Biblia

Sermones de C. H. Spurgeon
La Procesión del Dolor

Sobrevolando la Biblia
Símbolos en la Biblia: Sana Doctrina Cristiana

Standalone
Cristo en Toda la Biblia: Estudio Bíblico
Notas en los Cuatro Evangelios: Comentario Bíblico
Analizando Lo que Está por Suceder: Las Profecías de Dios
Himnos del Evangelio
El Tabernáculo en la Biblia: Como Enseñar el Tabernáculo

About the Author

Esta serie de estudios bíblicos es perfecta para cristianos de cualquier nivel, desde niños hasta jóvenes y adultos. *Ofrece una forma atractiva e interactiva de aprender la Biblia,* con actividades y temas de debate que le ayudarán a profundizar en las Escrituras y a fortalecer su fe. Tanto si eres un principiante como un cristiano experimentado, esta serie te ayudará a crecer en tu conocimiento de la Biblia y a fortalecer tu relación con Dios. Dirigido por hermanos con testimonios ejemplares y amplio conocimiento de las escrituras, *que se congregan en el nombre del Señor Jesucristo Cristo en todo el mundo.*

About the Publisher

Editor

Elvis A. Betancourt T. 4135 Stoney Creek Dr., Lincolnton, NC 28092 *elvisbetancourtt@gmail.com*

Contáctenos

Preguntas y comentarios generales: *seminitt25@gmail.com*